LAS MISIONES
DE CALIFORNIA

La Misión de San Gabriel Arcángel

MADELINE STEVENS

TRADUCIDO POR CHRISTINA GREEN

Cavendish Square
New York

Published in 2016 by Cavendish Square Publishing, LLC
243 5th Avenue, Suite 136, New York, NY 10016

Copyright © 2016 by Cavendish Square Publishing, LLC

First Edition

No part of this publication may be reproduced, stored in a retrieval system, or transmitted in any form or by any means—electronic, mechanical, photocopying, recording, or otherwise—without the prior permission of the copyright owner. Request for permission should be addressed to Permissions, Cavendish Square Publishing, 243 5th Avenue, Suite 136, New York, NY 10016. Tel (877) 980-4450; fax (877) 980-4454.

Website: cavendishsq.com

This publication represents the opinions and views of the author based on his or her personal experience, knowledge, and research. The information in this book serves as a general guide only. The author and publisher have used their best efforts in preparing this book and disclaim liability rising directly or indirectly from the use and application of this book.

CPSIA Compliance Information: Batch #WS14CSQ

All websites were available and accurate when this book was sent to press.

Library of Congress Cataloging-in-Publication Data

Stevens, Madeline.
La Misión de San Gabriel Arcángel / Madeline Stevens, translated by Christina Green.
pages cm. — (Las misiones de California)
Includes index.
ISBN 978-1-5026-1183-3 (hardcover) ISBN 978-1-5026-1190-1 (paperback) ISBN 978-1-5026-1170-3 (ebook)
1. Mission San Gabriel Arcangel (San Gabriel, Calif.)—History—Juvenile literature. 2. Spanish mission buildings—California—San Gabriel Region—History—Juvenile literature. 3. Franciscans—California—San Gabriel Region—History—Juvenile literature. 4. Gabrielino Indians—Missions—California—San Gabriel Region—History—Juvenile literature. 5. California—History—To 1846—Juvenile literature. I. Title.

F869.M655M34 2015
979.4'93—dc23

Editorial Director, Spanish: Nathalie Beullens-Maoui
Translator: Christina Green
Editor, Spanish: Maria Cristina Brusca
Art Director: Jeffrey Talbot
Designer: Douglas Brooks
Photo Researcher: J8 Media
Production Manager: Jennifer Ryder-Talbot
Production Editor: David McNamara

The photographs in this book are used by permission and through the courtesy of: Cover photo by Eddie Brady/Lonely Planet Images/Getty Images; © Jason O. Watson (USA: California photographs)/Alamy, 1; © John Crowe/Alamy, 4; BBVA Collection/File:Charles III, 1786-88.jpg/Wikimedia Commons, 6; Marilyn Angel Wynn/Nativestock/Getty Images, 7; © Library of Congress Prints & Photographs Division, 8-9; © 2014 Pentacle Press, 12; © North Wind Picture Archives/Alamy, 13; © Courtesy California Missions Resource Center (CMRC), 15; © Courtesy CMRC, 16; Courtesy CMRC, 17; © Pentacle Press, 20; © Karin Hildebrand Lau/Alamy, 22; Culture Club/Hulton Archive/Getty Images, 25; Edwin J. Hayward and Henry W. Muzzall/File:Juana Maria (Hayward & Muzzall).jpg/Wikimedia Commons, 28; © Courtesy CMRC, 32-33; Robert A. Estremo/File:Mission San Gabriel 4-15-05 6611.JPG/Wikimedia Commons, 34; Robert A. Estremo/File:Mission San Gabriel 4-15-05 6611.JPG/Wikimedia Commons, 41.

Printed in the United States of America

LAS MISIONES DE CALIFORNIA

Contenido

1	Los españoles expanden su imperio	5
2	Los *tongva*	7
3	El sistema de misiones	11
4	Comienza la Misión de San Gabriel Arcángel	14
5	Los primeros días en la misión	19
6	Un día en la misión	23
7	El principio del fin	27
8	La secularización	31
9	La misión hoy día	35
10	Haz una maqueta de la misión	37
	Fechas claves en la historia de las Misiones	42
	Glosario	44
	Guía de pronunciación	45
	Para mayor información	46
	Índice	48

La Misión de San Gabriel fue una de las misiones más exitosas de la Alta California.

1
Los españoles expanden su imperio

Escondida en el centro de la ciudad, San Gabriel se erige como una gran iglesia, estilo fortaleza, que parece un poco fuera de lugar en la California moderna. Sin embargo, la estructura tuvo una función importante, tanto buena como mala, en la historia de la región. Nombrada en honor a san Gabriel, el santo príncipe de los arcángeles, la Misión de San Gabriel Arcángel cuenta su historia de luchas, logros, dificultades; y la fundación de una de las grandes ciudades de América del Norte.

RECLAMANDO UN DERECHO

Los españoles llegaron por primera vez a las costas de lo que llamaron Alta California, o California "superior", en 1542. El explorador Juan Rodríguez Cabrillo, zarpó desde Navidad, cerca de Manzanillo, México, el 24 de junio. Navegaba en busca de las legendarias ciudades de riquezas y de una ruta fluvial que uniera los océanos Pacífico Norte y Atlántico Norte; pero ninguna de ellas existía. Cabrillo descubrió la bahía de San Diego el 28 de septiembre. Ancló en las costas de Santa Catalina y San Pedro, el 6 de octubre; y los *tongva*, los indígenas de la región, lo recibieron en canoas. Invitaron a Cabrillo a bajar a tierra, pero él rechazó la invitación. Luego los miembros de su expedición llegaron más al norte, hasta lo que hoy en día es Oregón, antes de regresar a

En la década de 1760, el rey Carlos III envió frailes y soldados a Alta California para comenzar las misiones.

Navidad, el 14 de abril de 1543.

En la década de 1760, el rey Carlos III quiso asegurar su dominio en esta tierra, antes de que los rusos o ingleses se establecieran en ella. En 1768, el rey le ordenó al **virrey** de Nueva España (hoy en día México) que empezara a colonizar la frontera del norte de Nueva España, utilizando el sistema de misiones. El virrey era una persona escogida por el rey para gobernar en su nombre la nueva tierra. El rey envió a su oficial, el inspector general José de Gálvez, para que ayudara. España ya había utilizado el sistema de misiones para tomar posesión de tierras en Nueva España, Florida, Texas, y *Baja* California.

En la primavera de 1769, el gobernador de Baja California, un capitán de la armada llamado Gaspar de Portolá, guió a un grupo de soldados, misioneros y algunos indígenas cristianos, desde las misiones de Baja California hasta Alta California. Algunos viajaron en tres barcos; otros, incluyendo al jefe de las misiones, fray Junípero Serra, viajaron 715 millas por tierra. Su destino era el puerto de San Diego, descubierto más de 225 años atrás por Cabrillo. Casi la mitad de la expedición, de 219 miembros, murió o desertó antes de alcanzar su destino a principios de julio. Uno de los barcos se perdió en el mar.

El 16 de julio de 1769, fray Serra fundó la primera de las veintiuna misiones cerca del puerto. La llamó San Diego de Alcalá.

2
Los *tongva*

Los californianos nativos que habitaban cerca de la Misión de San Gabriel Arcángel pertenecían a la tribu *tongva*. Había hasta treintaiuna aldeas conocidas esparcidas por una gran área. Cuando llegaron los españoles, había alrededor de unos 5,000 *tongva* en la región. Cada aldea era liderada por un grupo de ancianos. Los líderes *tongva* podían ser hombres o mujeres, y se llamaban "wots". Cada aldea también tenía su líder religioso y sanador, llamado **chamán**.

VIAJEROS DEL OCÉANO

Los *tongva* y los *chumash*, sus vecinos al norte y al oeste, estaban entre las pocas poblaciones indígenas que navegaban por el océano. Hacían canoas de tablas, llamadas *ti'ats* o *tomol,* que medían hasta 30 pies de largo. Los tomol eran suficientemente largos como para sostener doce hombres y sus pertenencias, y tenían suficiente fuerza para navegar por el océano. Estas canoas estaban hechas de tablas unidas con cáñamo y tarugos. Luego eran recubiertas con resina de pino y alquitrán, los cuales

Como los *tongva*, los *chumash* utilizaban conchas marinas para hacer joyas.

se podían encontrar en los pozos naturales de alquitrán (hoy el lugar se llama La Brea), o con asfalto que llegaba a la orilla gracias a las filtraciones naturales de petróleo.

Estas canoas ayudaban a los *tongva* y *chumash* a intercambiar mercancías con sus vecinos, incluyendo los grupos que vivían en Santa Catalina y otras islas del canal.

Los *tongva*, o "personas de la tierra," sabían cómo sobrevivir viviendo de ella. Sus antepasados habían vivido en la cuenca de Los Ángeles por lo menos unos 10,000 años. Las mujeres recolectaban bayas, setas, semillas, avena, piñones, algas marinas y bellotas para comer. Los hombres cazaban pájaros y animales pequeños utilizando arcos y flechas, palos y trampas. Capturaban peces en los ríos y en el mar, y se creían los "amos del océano."

Los *chumash* hacían botes para pescar y viajar por las aguas.

También tenían la habilidad de hacer cestas de diferentes formas y tamaños, tallar la madera, hacer cajas y hacer herramientas de piedra. Sus habilidades les trajeron grandes beneficios. El antropólogo Lowell John Bean describió a los *tongva*, que ocuparon la mayor parte de lo que es hoy en día el condado de Los Ángeles, como el grupo "más acaudalado y con más población" del sur de California, después de los *chumash*.

Los *tongva*, como muchas otras tribus nativas de California, estaban agradecidos a la tierra por proveerles lo que necesitaban para vivir. Ellos creían que habían sido creados de la tierra y estaban muy agradecidos a su creador. No creían en los malos espíritus ni en ningún concepto de infierno. Ellos consideraban sagrados a los búhos y marsopas, y nunca los cazaban.

Los indígenas se bañaban a diario en los ríos y arroyos cercanos. Tallaban tazones, pipas y cuentas de una piedra suave llamada esteatita. En el invierno, se mantenían calientes con sábanas y capas que hacían con plumas, pieles de conejos, o con la piel de nutrias marinas.

MUESTRA DE VALOR

El valor era considerado un rasgo altamente honorable y su falta traía desgracia. Los hombres mostraban su valor acostándose encima de hormigueros rojos. Los niños enfrentaban pruebas de fuego, azotándose y acostándose sobre hormigueros para probar su valentía. Si fallaban estas pruebas eran considerados débiles y cobardes. Aun así, a pesar de la importancia que le daban al valor, los *tongva* no iban a la guerra a menudo; y el asesinato y robo eran muy raros.

Una de las habilidades, casi olvidadas por las tribus de la región, es la construcción de canoas. Las últimas canoas para pescar construidas por los *chumash* fueron hechas en 1850. En 1913, un *chumash* de 113 años de edad, llamado Fernando Librado, construyó una canoa. Siguió el recuerdo de una canoa que había visto hacer en su juventud para el antropólogo John Harrington, quien había tomado notas. En las últimas décadas, se han hecho varias canoas utilizando esas notas.

Los *tongva* fueron conocidos como *gabrieliños* después de la llegada de los españoles.

3
El sistema de misiones

Había veintiuna misiones establecidas en Alta California; y todas se construyeron utilizando la mano de obra de los nativos americanos. El sistema de misiones tenía dos metas: proporcionar ciudadanos a España, para reclamar las tierras de Alta California; y permitirles a los frailes **franciscanos**, como fray Junípero Serra, difundir su religión. Los nativos americanos no sabían nada de este plan.

NECESIDAD DE CIUDADANOS

Las misiones españolas eran pequeñas comunidades gobernadas por frailes. El plan era que las misiones luego se convirtieran en *pueblos* o ciudades españolas; y que los indígenas se volvieran ciudadanos españoles y vivieran allí.

Los frailes creían que el **catolicismo** era la única verdadera religión. Querían "salvar" a las personas que no eran cristianas convirtiéndolas en católicas. Los misioneros pensaban que el catolicismo salvaría las almas de los nativos americanos.

Los *presidios*, o fuertes para los soldados, fueron construidos para darles protección a las misiones. A los indígenas se les enseñaba a cultivar para satisfacer las necesidades de la misión y para proveer comida y bebida para los soldados. En las misiones más antiguas, los españoles descubrieron que si los neófitos, los nativos americanos bautizados en la fe católica, podían salir de las misiones muchos no regresarían. Olvidarían lo que habían aprendido, perderían su vestimenta y regresarían a su antigua forma de vida. Sin embargo, los frailes creían que las misiones les enseñaban a los nativos una forma de vida mejor y más civilizada.

EL CAMBIO NO ESTABA PERMITIDO

La decisión de convertirse al catolicismo era voluntaria, pero los franciscanos no permitían que nadie cambiara de opinión. Fray Pedro Font, quien visitó la Misión de San Gabriel Arcángel en 1776, escribió: "Puesto que los indios están acostumbrados a vivir en los campos y colinas como bestias, los padres exigen que si desean ser cristianos no regresen al bosque, sino que vivan en la misión; y si se van… irán a buscarlos y los castigarán".

En total, veintiuna misiones y cuatro presidios fueron construidos a lo largo de la costa de California.

Las personas que se unían al sistema de las misiones tenían que vivir bajo reglas muy estrictas.

Los frailes necesitaban de los *tongva* y de miembros de otras tribus para construir edificaciones, cultivar plantas y vivir en las misiones. Los frailes les ofrecían regalos a los nativos, para atraerlos a que se unieran a las misiones; pero los nativos no entendían la verdadera razón detrás de este comportamiento amigable. Ellos no sabían que acabarían renunciando a su tierra, a su religión, a su antigua forma de vida; y que serían forzados a trabajar en condiciones similares a la esclavitud.

4
Comienza la Misión de San Gabriel Arcángel

Gaspar de Portolá salió de San Diego poco después de su llegada; porque tenía órdenes de establecer otro puerto, más al norte, llamado Monterrey por los españoles, en honor a su virrey. El grupo de Portolá viajó a pie, por la costa, para llegar a Monterrey. Cuando se encontraban con peligrosos acantilados, viajaban tierra adentro atravesando cañones.

Llegó un momento en que el grupo acampó junto a un río. Hubo varios terremotos mientras estuvieron allí; así que nombraron al río *"San Gabriel de los Temblores" (Temblor* significa terremoto). Cerca de este río, fray Juan Crespí, un fraile del grupo de Portolá, escribió en su diario: "Llegamos a un valle con un río hermoso. Hay una gran llanura y buena tierra para la siembra. Es el mejor lugar que hemos visto para la misión".

LEYENDA DE UNA DAMA

Fray Serra nombró padres fundadores a los frailes Ángel Fernández de Somera y Pedro Benito Cambón. Sin embargo, hay una leyenda sobre la fundación de la Misión de San Gabriel Arcángel. Según la leyenda, cuando los españoles se acercaron al río descrito por fray Crespí, los miembros de la tribu *tongva*, que estaban molestos por la presencia de los españoles, llegaron armados con arcos y flechas. Uno de los frailes desenrolló una pintura de Nuestra Señora de los Dolores, uno de los nombres con el que los católicos se refieren a la Virgen María; y se la mostró a los *tongva*, quienes luego bajaron sus armas. Los jefes colocaron sus collares en el suelo, a los pies de la "hermosa reina". Los demás nativos siguieron su ejemplo.

Los frailes Cambón y Somera consideraron que ese punto particular de la tierra no era adecuado; y continuaron con la búsqueda hasta que llegaron a una colina cerca de un arroyo, en el valle de San Miguel. En

En la Misión de San Gabriel, los neófitos construyeron edificios y los decoraron por dentro con pinturas, tales como esta representación de la segunda estación de la cruz.

ella, los frailes levantaron una gran cruz. El 8 de septiembre de 1771, se fundó la Misión de San Gabriel Arcángel. La cuarta misión fue nombrada así por san Gabriel, el arcángel mensajero de Dios.

Los nativos americanos, todavía fascinados por los misioneros, estaban dispuestos a ayudar en lo que fuera. Ayudaron a los frailes construyendo un refugio con ramas para un altar. Los frailes bendijeron el agua del río y la rociaron sobre la cruz. Cantaron la misa, dieron el sermón y tocaron las campanas de la nueva misión. Luego los soldados dispararon sus fusiles; y así completaron la ceremonia de fundación de la Misión de San Gabriel Arcángel.

La Misión de San Gabriel Arcángel, establecida en 1771, se convirtió en la primera misión de California en ser representada en una pintura al óleo.

CONSTRUYENDO LA MISIÓN

Al día siguiente, empezaron la construcción. Construyeron paredes a partir de pilares de sauce y techos de tule (un junco utilizado por los nativos para la construcción de casas y botes). También construyeron una capilla, cabañas para los frailes y soldados, y corrales para los animales que habían traído. Los frailes, los soldados y los nativos trabajaron arduamente. En poco tiempo, los edificios provisionales estaban terminados. Los soldados colocaron postes afilados alrededor de la edificación, en caso de que hubiera un ataque.

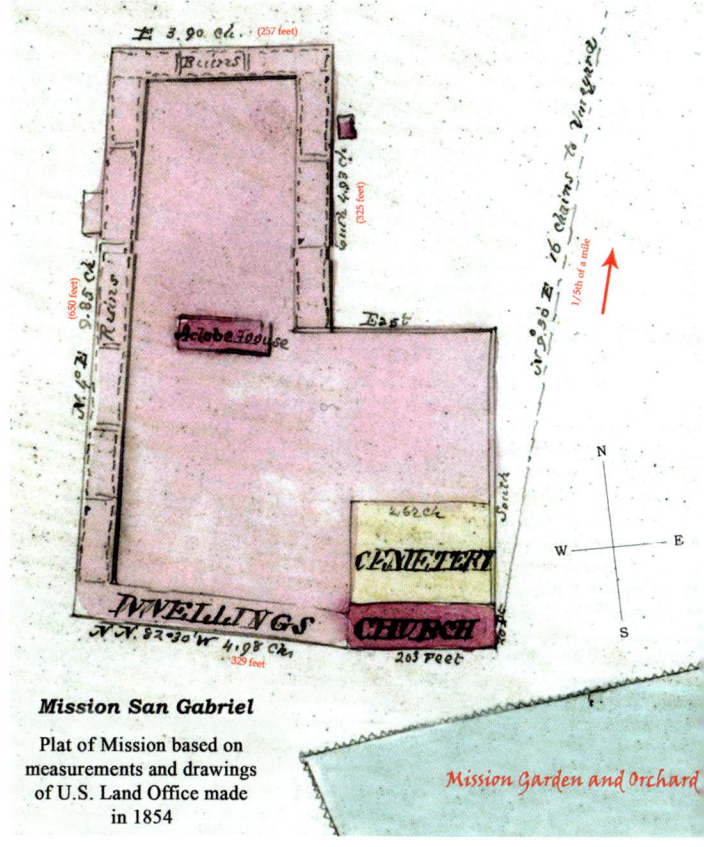

Este plano de la misión se diseñó en 1862, y muestra muchos de sus edificios.

SENDERO HISTÓRICO

Para 1773 había cinco misiones, dos presidios y alrededor de veintisiete colonizadores en Alta California. Recibían suministros por barco una vez al año. Juan Bautista de Anza, capitán de un presidio de Sonora (hoy el sur de Arizona), estableció una ruta por tierra para facilitar la colonización; y luego dirigió una expedición con 240 personas para instalarse en el puerto de San Francisco. De Anza salió de Sonora el 23 de octubre de 1775, y llegó a San Gabriel el 4 de enero de 1776. La ubicación de San Gabriel, en el sendero histórico de Juan Bautista de Anza, era una parada importante para los nuevos colonos.

CONVIRTIENDO A LOS NATIVOS

En los primeros años, los padres fundadores de la Misión de San Gabriel Arcángel visitaban las aldeas de los nativos americanos intentando reclutar más personas para la misión. Les decían a los padres de los niños enfermos que los bautizaran. Si los niños morían, el acto del bautismo aseguraría que sus almas fueran salvadas. Si los niños **bautizados** sobrevivían su enfermedad, pasaban a formar parte de la misión. Cuando eso sucedía, los padres, por lo general, se unían a la misión para estar con sus hijos.

Los frailes hicieron muchas cosas para convencer a los nativos de que se unieran al sistema de misiones. Los invitaban a visitarlos, les mostraban adornos religiosos, llevaban a cabo rituales, tocaban música y servían comida española. Muchos nativos también visitaban la Misión de San Gabriel Arcángel, por la simpatía y cordialidad de los frailes Cambón y Somera.

En 1772, los frailes Antonio Paterna y Antonio Cruzado reemplazaron a los frailes Cambón y Somera. Ambos frailes, Paterna y Cruzado, habían servido en misiones en Nueva España por varias décadas antes de encargarse de esta misión. Cruzado había trabajado por veintidós años en Baja California, y había desarrollado un gran conocimiento de la agricultura. Durante sus treinta y dos años en la Misión de San Gabriel Arcángel, Cruzado diseñaría la emblemática iglesia con estilo de fortaleza.

5
Los primeros días de la misión

Poco después de la fundación de la Misión de San Gabriel Arcángel, comenzaron los problemas entre los nativos americanos, los misioneros y los soldados.

MALTRATO A LOS *TONGVA*

Asustado por la presencia de muchos *tongva*, fray Somera solicitó más soldados, muchos de los cuales no respetaban a los nativos porque los consideraban incivilizados. Un soldado cabalgó hasta una aldea cercana, y atacó a la esposa de un líder *tongva*. Cuando el líder se enteró del ataque, fue junto con su tribu a la misión para matar al soldado. Pero el soldado mató al líder con su fusil, luego lo descabezó y colocó su cabeza en una de las varas como señal de advertencia para otros nativos. Unos días más tarde, los aldeanos *tongva* pidieron la cabeza para así poder llorar la muerte de su líder.

Por mucho tiempo después de este incidente, los aldeanos se mantuvieron alejados de la misión y perdieron la confianza en los soldados. Como resultado, el crecimiento de la misión se desaceleró. Las penurias por este suceso afectaron a los frailes Cambón y Somera, quienes se habían enfermado. En 1772, los frailes Antonio Paterna y Antonio Cruzado, que iban de camino a fundar una nueva misión, se detuvieron en la Misión de San Gabriel Arcángel. Ellos vieron el

La Misión de San Gabriel Arcángel tuvo muchos visitantes. En sus primeros años, Juan Bautista de Anza viajó con los colonos a la misión.

problema y decidieron quedarse allí, permitiendo a los frailes Cambón y Somera retirarse y dejar la misión.

RETOMANDO CONFIANZA

Los frailes Paterna y Cruzado trabajaron arduamente para recobrar la confianza de los nativos y mantener a los soldados a raya. Ambos frailes eran gentiles y pacientes. Los nativos comenzaron a ofrecerles a sus hijos para que los bautizaran. Sorprendentemente, uno de los primeros niños en ser bautizado era el hijo del nativo americano asesinado. Fue ofrecido en bautismo por su madre.

La Misión de San Gabriel Arcángel fue una de las misiones españolas más exitosas de Alta California, y creció ininterrumpidamente bajo el mando de los frailes Cruzado y Paterna. Posteriormente, fray Sánchez se hizo cargo. Para 1786 la misión tenía 1,000 neófitos. En su mejor momento llegó a tener 1,701 neófitos.

El rebaño de la misión aumentó, de tener 128 animales en 1772 a 42,350 en su punto máximo en 1829, mayormente en reses (25,000) y ovejas (15,000). Se cosecharon más de 353,000 bushels de trigo, cebada, maíz, frijoles, guisantes, lentejas y garbanzos. Esto era más de lo que ninguna otra misión había producido. De hecho, la Misión de San Gabriel Arcángel produjo tales abundantes cosechas y grandes rebaños de ganado, que se conocía como "la reina de las misiones".

En 1790, los frailes le pidieron al gobierno de Nueva España que enviaran artesanos, o maestros de artesanos, para ayudar en la construcción de los edificios de la misión. Cuando los canteros, herreros y carpinteros llegaron a las misiones, ayudaron a construir fuentes de piedra, pilares, arcos, herrajes y campanarios.

DISEÑO DIFERENTE

La Misión de San Gabriel Arcángel atraía a tantos neófitos que la iglesia se hizo pequeña en poco tiempo. Cuando fray Cruzado diseñó la nueva iglesia, posiblemente tenía en mente la famosa catedral de Córdoba, en España, la cual había visto cuando niño. Esa catedral fue originalmente una mezquita construida por los **moros**. Sus edificios influenciaron muchas de las características de la arquitectura española.

Los artesanos y neófitos de la Misión de San Gabriel Arcángel construyeron la mitad inferior de la nueva iglesia utilizando piedra y concreto. De las ventanas hacia arriba, se utilizaron ladrillos. Al estilo morisco, construyeron ventanas largas y estrechas. Entre cada ventana, construyeron contrafuertes o columnas de soporte, con tapas de pirámide. También construyeron puertas arqueadas. Después de un terremoto, un techo plano reemplazó el techo abovedado original. Al final, la iglesia parecía tan fuerte y sólida como una fortaleza. Esta arquitectura se llama "estilo fortaleza".

Los frailes querían que los neófitos se sintieran bien con su iglesia. Los neófitos escogieron colores llamativos, como verde botella y rojo vivo, para pintar y decorar el interior de la iglesia. Para hacer la pintura machacaban piedras de colores y las mezclaban con aceite de oliva.

En 1805, después de catorce años de trabajo, el edificio de la iglesia estaba finalizado. Los frailes Cruzado y Paterna, ya ancianos, murieron ese año. Ambos fueron enterrados dentro del santuario.

La iglesia de San Gabriel se considera el mejor ejemplo de arquitectura estilo fortaleza de una iglesia de misión. A la derecha de la entrada de la iglesia, se construyó un campanario. La pared de **adobe** tenía aberturas en forma de arco, en los que colgaban las campanas de la misión. La campana más grande, llamada campana del **ángelus**, pesaba más de 1 tonelada. En 1812, un terremoto derribó la torre del *campanario*. Fue reconstruida como una pared campana, en el extremo lateral a lo largo de la iglesia. Los campaneros subían una escalera de piedra que quedaba al aire libre y cruzaban el ático, donde el coro cantaba, para llegar al campanario.

La misión también contaba con un viñedo de 170 acres, el más grande de toda Alta California. Le proporcionaba vid a muchas de las otras misiones.

En la década de 1821 a 1830, cuatro molinos fueron construidos para moler harina, hacer aceite de oliva y aserrar madera. Las mulas hacían funcionar dos de los molinos. Los otros dos, el molino harinero y el aserradero, utilizaban energía hidráulica.

Esta placa en Sacramento conmemora la Misión de San Gabriel Arcángel y sus campanas.

6
Un día en la misión

Los frailes que fundaban una nueva misión recibían un libro grueso de reglas. El libro incluía todo lo que España había aprendido cuando estableció sus primeras misiones. El libro les decía a los frailes como convencer a la población nativa a unirse a la misión, el horario diario a seguir y detalles, como el color de la ropa que debían utilizar los neófitos.

VIDA REGULADA

Cada día en la Misión de San Gabriel Arcángel, los neófitos se despertaban al amanecer con el sonar de las campanas. Poco después, las campanadas del ángelus los llamaba para que fueran a la iglesia. Una hora más tarde, otra campana anunciaba el desayuno, que consistía en *atole*, un cereal caliente hecho de grano molido y tostado.

Cuando la campana volvía a sonar, era hora de trabajar. Hasta los niños trabajaban. Los frailes y los neófitos de Baja California les enseñaban a todos los nuevos neófitos un oficio. Muchos hombres aprendieron sobre agricultura. Cultivaban maíz, trigo, cebada, lentejas, garbanzos, algodón, cebolla, ajo y tomate. Había huertos de árboles frutales con naranjas, limones, manzanas, peras, melocotones, granadas, higos y aceitunas. En 1834, San Gabriel declaró tener 2,333 árboles frutales. Una cerca de cactus de 12 pies (3.7 m) de altura se plantó para contener el ganado. Hubo un año en que las plantas dieron más de 37,000 bushels de tunas. San Gabriel también se hizo famosa por su producción de vinos de calidad.

Los neófitos realizaban diferentes labores. Los hombres araban la tierra, sembraban y construían acequias para irrigarlas. Los niños cuidaban los campos de ganado. Después de recoger la cosecha, los neófitos trillaban el trigo y luego lo molían hasta hacerlo harina. Las mujeres y niñas hacían ponchos para los pastores, hábitos para los frailes, ropa y sábanas; y también preparaban el atole para el desayuno y la cena, y cocinaban el almuerzo en calderas sobre fogatas.

El almuerzo consistía en *pozole,* un guiso de carne con frijoles, maíz y verduras, servido con tortillas o atole. Después del almuerzo era hora de descansar, o de tomar la *siesta,* de 2 a 4 de la tarde. Luego volvía a sonar la campana y el trabajo continuaba.

Muchos neófitos trabajaban en *ranchos*, o granjas, donde se criaban los rebaños de las misiones. Cuando los jardines y campos comenzaron a ocupar más espacio, los ranchos se establecieron alrededor de la misión. San Gabriel tenía alrededor de quince ranchos. Su mejor rancho de ganado se llamaba San Bernardino. Un *mayordomo,* que era un nativo bautizado de Nueva España, supervisaba el trabajo en los ranchos. Los neófitos arreaban el ganado, ordeñaban las vacas, alimentaban los cerdos, esquilaban las ovejas, y cuidaban los caballos y bueyes. También marcaban el ganado de San Gabriel con una "T", por los temblores.

NINGÚN DESPERDICIO

Durante la *matanza,* mataban el ganado; y la piel, o cuero, se extendía para dejarse secar. La misión no desperdiciaba nada. La piel de oveja se utilizaba para hacer pergamino. La carne se comía y se compartía con los soldados de los presidios. El cuero sin curtir se utilizaba para colgar campanas y puertas. Algunas veces, la misma puerta estaba hecha de cuero sin curtir. El cuero curtido era utilizado para hacer monturas, zapatos y chaquetas para los soldados. Ocasionalmente, los neófitos utilizaban el cuero para intercambiar mercancía. La grasa de vaca se hervía hasta convertirla en cebo, el cual se utilizaba para hacer jabón y velas. Otros neófitos preparaban la lana de oveja para tejer.

Los talleres de la Misión de San Gabriel Arcángel eran muy activos. El cazador norteamericano, Harrison Rogers, se quedó en la misión en 1826. Rogers escribió en su diario: "Caminé por los talleres. Vi a unos indios trabajando en herrería; otros, en carpintería; algunos, haciendo artesanía en madera para los arados; otros, haciendo las ruedas giratorias para que las mujeres pudieran tejer. Había más de sesenta mujeres hilando y tejiendo".

Los neófitos hacían vino y aceite de oliva, queso y mantequilla. Aprendieron metalurgia, carpintería, agricultura, albañilería, curtido de pieles y ganadería. Las mujeres aprendieron a hilar la lana, tejer, coser, cocinar, y hacer velas y jabón.

Gracias al trabajo de los neófitos, la Misión de San Gabriel Arcángel fue una de las misiones más importantes.

Los niños neófitos recibían lecciones en la mañana y en la tarde. Los frailes trataron de enseñarles el catolicismo en su lengua nativa; pero no podían encontrar las palabras correctas, así que los frailes les enseñaron español. Les enseñaban canciones, oraciones y bendiciones. Un grupo de niños era seleccionado para cantar en el coro. Aprendían a leer, escribir, cantar y tocar instrumentos musicales. Durante los eventos especiales, hacían presentaciones en la misión.

UN POCO DE TIEMPO LIBRE

A las 5 de la tarde, la campana del ángelus repicaba para rezar. La cena, a las 6 de la tarde, estaba compuesta de atole y, algunas veces, de vino de la misión. Después de cenar, había un poco de tiempo libre. Los neófitos podían descansar, jugar juegos y visitar a otros neófitos de la misión. A las 8 de la noche, la campana sonaba llamando a las mujeres, para que se fueran a acostar. Los hombres se acostaban una hora más tarde.

A veces los frailes les daban a los neófitos descansos de su rutina diaria. El día de precepto católico (descanso) se cumplía los domingos con una misa, y luego tenían mucho tiempo libre. Los neófitos corrían carreras de caballos, jugaban y apostaban.

Algunos de los eventos más importantes de la misión eran las celebraciones de los días santos y los festivales. El sonar de las campanas de la misión se mezclaba con el sonido de los fuegos artificiales y la música. Mientras las personas bailaban, se daban banquetes, veían corridas de toros y participaban en juegos.

7
El principio del fin

La Misión de San Gabriel Arcángel estaba ubicada sobre tres vías importantes. Esto permitía que muchos soldados y colonos pararan en la misión durante sus viajes. Pero los frailes se cansaron de los visitantes, porque muchos de ellos causaban problemas y maltrataban a los *tongva*.

INVITADOS NO DESEADOS

Este maltrato causó muchas revueltas entre los nativos americanos y la misión. La más famosa fue guiada por Toypurina, una joven chamán de 24 años de edad, hija del jefe *gabrieliño* de la aldea Jachivit. Junto con el neófito Nicolás José, Toypurina lideró un plan en contra de la misión; y convenció a otros líderes de aldeas de que participaran. Pero un soldado español escuchó cuando hablaban sobre el plan. La noche del 25 de octubre de 1785, un grupo entró a la misión y fue derrotado sin derramamiento de sangre. Como castigo, Toypurina fue exiliada de la Misión de San Gabriel Arcángel, después de haber estado prisionera durante su juicio. Durante ese tiempo, también fue bautizada en la fe católica, un hecho que algunos historiadores consideran como una táctica de supervivencia de Toypurina. Luego fue enviada a pasar el resto de su vida más al norte, primero en la Misión de San Carlos Borromeo, ubicada cerca de Monterrey. Toypurina murió en 1799, en la Misión de San Juan Bautista, donde fue sepultada.

Muchas mujeres nativas se unieron a las misiones y se convirtieron en neófitas.

El gobernador español de California, Felipe de Neve, decidió establecer un pueblo cerca de la misión para tener un lugar donde los visitantes pudieran quedarse. En diciembre de 1781, el Gobierno español fundó un nuevo pueblo llamado *Nuestra Señora de los Ángeles del Río de Porciúncula*. Fue construido a 8 millas (14.5 km) de la misión. Luego el pueblo cambió su nombre a Los Ángeles.

Los Ángeles creció rápidamente. En el marco de diez años, contaba con veintinueve casas de adobe, un ayuntamiento, graneros, cuarteles y una caseta de centinela. Todo ello estaba rodeado por una pared de adobe. Tenía 139 habitantes. Los colonos de Los Ángeles producían más granos que cualquier misión, a excepción de San Gabriel. Los frailes permitían que algunos de los neófitos mejor entrenados fueran a trabajar por dinero en los campos del pueblo.

DISPUTA SOBRE LAS TIERRAS

A principios del siglo XIX, mientras Los Ángeles crecía, sus colonos se sentían frustrados con la Misión de San Gabriel Arcángel. Los colonos necesitaban tierra para sus ganados y granjas; pero toda la tierra cercana pertenecía a las misiones de San Gabriel y de San Fernando Rey de España. Los colonos se quejaban porque las misiones tenían las mejores tierras de California.

En 1812, un gran terremoto sacudió la zona, causando grandes daños en la iglesia. El campanario, los dormitorios de los frailes y muchos de los talleres fueron destruidos. Tomó muchos años de trabajo reparar el daño y construir un nuevo campanario. Los frailes se mudaron al granero, que luego convirtieron en una iglesia, en 1813.

Los neófitos sufrieron las mayores penurias. La vida en la misión no era como la de sus aldeas. Los neófitos tenían que utilizar ropa diferente, comer alimentos diferentes, practicar una religión diferente y realizar diferentes tipos de trabajos. Por ejemplo, los hombres estaban acostumbrados a largos períodos de descanso entre cacerías. Ahora tenían que seguir la rutina estricta de la misión.

En sus aldeas, los indígenas eran libres de vivir con sus familias. En la misión, las mujeres solteras y las niñas mayores de once años tenían que vivir encerradas en un monjerío. Ellas dormían, comían y, a veces, hasta trabajaban allí. Los frailes sentían que era su deber proteger a las mujeres de los ataques de los soldados y otros hombres, manteniéndolas encerradas por la noche. El *monjerío* era un lugar sucio porque vivían muchas personas en habitaciones pequeñas. Las enfermedades se propagaron rápidamente debido a la suciedad.

Había muchas enfermedades en la Misión de San Gabriel Arcángel. Los españoles, sin saberlo, llevaron gérmenes con ellos. Los neófitos jamás habían estado expuestos a estos gérmenes, así que sus cuerpos no podían combatirlos. Enfermedades como la viruela, el **cólera** y la

disentería se propagaron inmediatamente en todas las misiones; y afectaron a la población de nativos de la misión.

PERDIENDO HABITANTES RÁPIDAMENTE

En 1814, los frailes de San Gabriel le escribieron al gobierno, diciéndole que el número de muertos era el doble del número de nacimientos. Reportaron que de cada cuatro neófitos que nacían, tres se morían antes de cumplir los dos años; y muy pocos llegaban a la edad adulta. Los frailes Luis Gil y Taboada y José María de Zalvidea, líderes de la misión, le imploraron al gobierno español que enviara doctores y medicinas. Se corría el riesgo de que murieran todos los nativos de California. Ese año, fray Zalvidea hizo construir un hospital cerca de la misión que, por lo general, siempre estaba lleno.

En 1825, una epidemia de viruela y cólera se desató en la Misión de San Gabriel Arcángel. Se estima que tres de cada cuatro neófitos murieron. Casi cerca de 6,000 nativos americanos están enterrados en el cementerio de la misión, más que en ninguna otra misión de California.

Muchos de los neófitos huyeron por temor a las enfermedades, los castigos y las muertes. Algunos se escondieron en la seguridad de las montañas de San Gabriel, las cuales eran desconocidas por los españoles. Otros neófitos se fueron a diferentes regiones y se casaron con personas de otras tribus. Las enfermedades cobraron muchas vidas y la tribu casi desapareció.

8
La secularización

El gobierno español trató de responder a las quejas de los colonos que querían la tierra de la misión. Se aprobaron leyes para secularizar las misiones de California, lo que significaba hacerlas no religiosas; y quitarles el control a los frailes católicos. Aunque la secularización se retrasó debido a que Nueva España había comenzado una guerra independentista contra España. En 1821, Nueva España obtuvo su independencia y se convirtió en México.

LIBERANDO LA TIERRA

En 1826, una ley liberó a todos los neófitos que habían sido cristianos por más de 15 años. Algunos neófitos dejaron las misiones gustosamente; otros, no querían dejar a los frailes. La vida en la misión era la única vida que conocían. El 17 de agosto de 1833, el Gobierno mexicano aprobó una ley definitiva que secularizaba las misiones de Baja y Alta California. Estas misiones pasarían a llamarse pueblos, y estarían bajo la supervisión de los administradores del gobierno. La Misión de San Gabriel Arcángel fue secularizada en 1834.

Gran parte de la tierra de la misión pasó a mano de los colonos y del Gobierno, a pesar de que le había sido prometida a los neófitos. A muy pocos neófitos se les dio tierra de la misión. Sin embargo, muchos ya no querían pastorear o cultivar. Ellos regresaron a sus propias aldeas, solo para encontrar que los colonos habían tomado posesión de sus tierras. Un gran número de neófitos fueron a trabajar a pueblos o ranchos. Muchos de los neófitos perdieron todo lo que tenían.

MAL LIDERAZGO

Un administrador, el coronel Nicolás Gutiérrez, tomó las riendas del nuevo pueblo de San Gabriel. Los dos frailes de la misión, González de Ibarra y Tomás Estenga, huyeron en 1835. Estaban molestos de ver cómo la misión se desplomaba durante el liderazgo descuidado de Gutiérrez; y se sentían incapaces de ayudar a los neófitos que se quedaron.

En 1842, el Gobierno mexicano entró en pánico. Las misiones no estaban produciendo suficiente comida ni suministros para los presidios. San Gabriel y otras once misiones fueron devueltas a los

El Gobierno mexicano y los colonos querían la tierra que había alrededor de la Misión de San Gabriel Arcángel.

frailes. Cuando fray Estenga regresó a San Gabriel, no quedaba casi nada. Casi la totalidad de los 16,500 bovinos habían sido sacrificados por sus pieles, y quedaban menos de 100. La mayor parte de la tierra de la misión estaba en manos de desconocidos. Los talleres y las despensas estaban vacíos. Los únicos neófitos que quedaban eran los enfermos, los ancianos y algunos niños huérfanos.

En 1848, Estados Unidos ganó una guerra contra México y tomó el control de California. Dos años más tarde, California se convirtió en el trigésimo primer estado de Estados Unidos. El presidente James Buchanan le regresó la propiedad de la misión a la Iglesia católica, en 1859.

Hoy en día, la Misión de San Gabriel Arcángel se encuentra en medio de la ciudad de Los Ángeles, ofreciendo a los visitantes mucho que ver y hacer.

9
La misión hoy día

Hoy día, la misión se encuentra en el medio de Los Ángeles. Muchos visitantes acuden para ver su arquitectura, aprender sobre su historia en su museo y admirar su iglesia.

LAS CAMPANAS REPICAN OTRA VEZ

Un terremoto dañó el campanario en 1987. Otro terremoto lo sacudió en 1994. Después de esto, el gobierno federal de los Estados Unidos ayudó a su restauración. En 1996, 225 años de su aniversario, las campanas de la Misión de San Gabriel Arcángel volvieron a sonar.

El interior de la iglesia todavía se ilumina con los colores pintados por los neófitos: rojo vivo, dorado y verde botella. El altar tiene seis estatuas talladas en madera traídas de España en 1791. La figura central es san Gabriel. El púlpito original, donde los frailes se paraban para orar con los neófitos permanece intacto.

Sobre una de las paredes cuelga la pintura, de hace 300 años, de Nuestra Señora de los Dolores, famosa por la leyenda de cuando se fundó la misión. El museo muestra las pinturas más antiguas hechas por los neófitos; y una serie de pinturas de las estaciones de la cruz, que representan los acontecimientos que rodearon la crucifixión de Jesús.

UNA PUERTA AL PASADO

Si bien la mayoría de los edificios y talleres de la misión cayeron en la ruina hace mucho tiempo, muchos elementos de su fundación aún existen. Los visitantes pueden ver la bodega de vinos restaurada, los cuartos de los frailes, la cocina original, la chimenea y los tanques de ladrillo para tostar los granos. También hay cuatro ladrillos agujereados y revestidos que formaban parte de la fábrica de jabón y sebo. Tallada en la parte inferior de una de las puertas de madera de la misión hay una puerta para gatos. Debido a que la misión tenía ratones, una de las primeras cosas que los frailes de San Gabriel solicitaron al gobierno de Nueva España fue un gato.

Los visitantes también pueden seguir un camino hacia los jardines. Tres vides, del viñedo original, le dan sombra al corredor. La primera vid, sembrada en 1826, ha crecido tan espesa que el cemento que la rodea se ha agrietado. También hay réplicas de las veintiuna misiones construidas por estudiantes de un seminario claretiano (una escuela para futuros sacerdotes) en 1932. Afuera de los muros están los ladrillos del campanario de 1775.

Justo en la parte exterior de la iglesia se encuentra el cementerio de la Misión de San Gabriel Arcángel. Es el cementerio más antiguo de todo el condado de Los Ángeles; y es el lugar de descanso final de muchos hombres, mujeres y niños que construyeron la misión.

In 1908, la orden religiosa de los claretianos (miembros del grupo católico romano de los hijos misioneros del Sagrado Corazón Inmaculado de María) se hizo cargo de la misión. Hoy día, los claretianos siguen operando la Misión de San Gabriel Arcángel como una parroquia de la Arquidiócesis de Los Ángeles.

10
Haz una maqueta de la misión

Para realizar tu propio modelo de la Misión de San Gabriel Arcángel, necesitarás:

- papel de construcción (anaranjado)
- cartón espuma
- pegamento
- campanas miniaturas (6)
- pintura (beige y verde)
- lápiz
- regla
- pieza de poliestireno
- palillos de dientes
- cuchilla X-ACTO®

INSTRUCCIONES

Se sugiere la supervisión de un adulto.

Paso 1: Para la base de la misión, corta un trozo de cartón espuma de 20" x 20" (50.8 cm x 50.8 cm). Pinta la base de color verde. Deja que se seque.

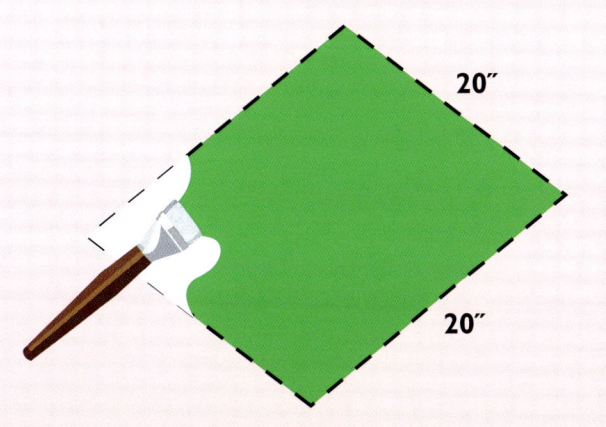

Paso 2: Corta dos pedazos del poliestireno de 9" x 9" (22.9 cm x 22.9 cm) cada uno para hacer la parte delantera y trasera de la iglesia. Dibuja y luego corta una ventana y una puerta frontal en una pieza.

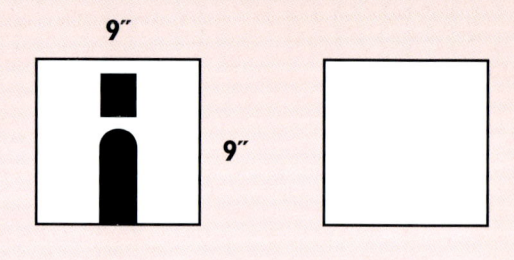

Paso 3: Corta una pieza de poliestireno de 9" x 8" (22.9 cm x 20.3 cm.) Este será el lado izquierdo de la iglesia. Pinta las tres paredes de color beige.

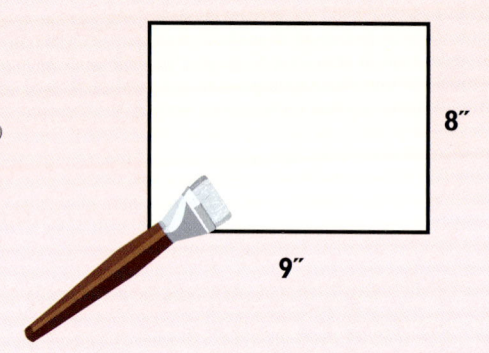

Paso 4: Coloca las paredes de la iglesia en la base para formar tres lados de una caja. Pega las piezas y déjalas secar.

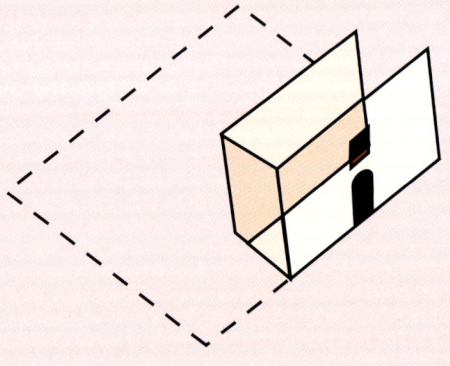

Paso 5: Corta tres piezas de poliestireno de 20" x 4" (50.4 cm x 10.2 cm) y una pieza de 11" x 4" (27.9 cm x 10.2 cm).

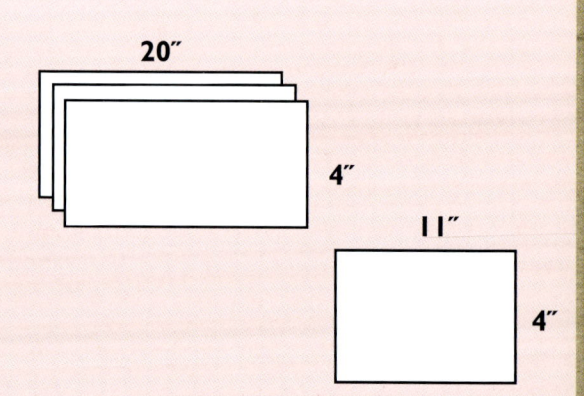

Paso 6: Pinta las cuatro piezas en color beige. Déjalas que se sequen. Pégalas a la base alrededor de los bordes de manera que formen las paredes del patio.

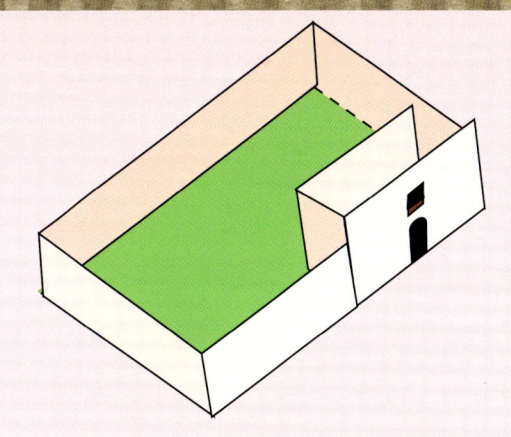

Paso 7: Haz un campanario principal cortando una pieza de poliestireno de 2" x 3" (5.1 cm x 7.6 cm.) Dibuja y corta 2 ventas para el campanario.

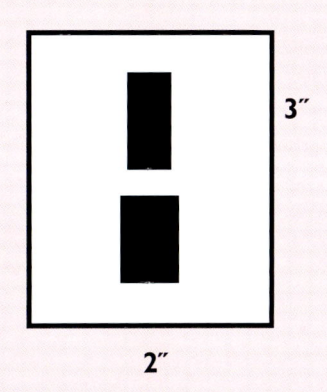

Paso 8: Corta un pequeño semicírculo que en su base mida 2" (5.1 cm). Recorta una ventana en ella.

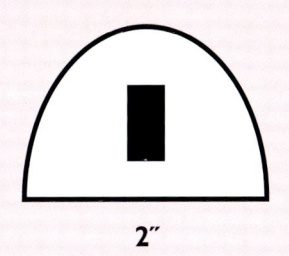

Paso 9: Coloca el campanario al lado de la iglesia en el cartón. Haz dos pequeños campanarios más para la iglesia cortando 6 pedazos de poliestireno de 0.5" x 1.5" (1.3 cm x 3.8 cm) respectivamente.

Paso 10: Pega un pedazo de poliestireno de 0.5" x 1.5" (1.3 cm x 3.8 cm) sobre otros dos pedazos de 0.5" x 1.5" (1.3 cm x 3.8 cm) como se observa en el gráfico. Repite el procedimiento con las otras tres piezas de poliestireno y colócalas en la parte superior de la iglesia.

Paso 11: Pinta todas las piezas de poliestireno de color beige. Deja que se sequen.

Paso 12: Pasa un palillo de dientes por la parte superior de una de las campanas miniatura e inserta el otro extremo del palillo en la torre del campanario principal. Haz lo mismo con las otras campanas miniaturas e insértalas en los otros campanarios.

Paso 13: Dobla la cartulina anaranjada hacia adelante y hacia atrás para que parezca ondulada. Córtala en tiras y pega los extremos de la cartulina en las paredes anterior y posterior de manera que se extienda sobre la parte superior de las paredes.

40

Paso 14: Dobla dos pedazos de cartulina en forma de triángulo y pégalos a las pequeñas torres. Corta cruces de poliestireno e insértalas en la parte superior de la iglesia utilizando escarbadientes.

Paso 15: Decora alrededor de la misión utilizando vegetación y flores. Puedes hacer estas decoraciones utilizando papel de seda de color, o pintando directamente sobre la base de la misión.

El modelo de la Misión de San Gabriel Arcángel terminado.

41

Fechas clave en la historia de las Misiones

1492 — Cristóbal Colon llega a las Indias Occidentales

1542 — Expedición de Cabrillo a California

1602 — Sebastián Vizcaíno navega hacia California

1713 — Nace fray Junípero Serra

1769 — Establecimiento de la Misión de San Diego de Alcalá

1770 — Establecimiento de la Misión de San Carlos Borromeo del Río Carmelo

1771 — Establecimiento de las misiones de San Antonio de Padua y San Gabriel Arcángel

1772 — Establecimiento de la Misión de San Luis Obispo de Tolosa

1775-76 — Establecimiento de la Misión de San Juan Capistrano

1776 — Establecimiento de la Misión de San Francisco de Asís

1776 — Se firma la Declaración de Independencia de Estados Unidos

1777	Establecimiento de la Misión de Santa Clara de Asís
1782	Establecimiento de la Misión de San Buenaventura
1784	Muere fray Serra
1786	Establecimiento de la Misión de Santa Bárbara
1787	Establecimiento de la Misión de La Purísima Concepción
1791	Establecimiento de las misiones de La Santa Cruz y Nuestra Señora de la Soledad
1797	Establecimiento de las misiones de San José, San Juan Bautista, San Miguel Arcángel y de San Fernando Rey de España
1798	Establecimiento de la Misión de San Luis Rey de Francia
1804	Establecimiento de la Misión de Santa Inés
1817	Establecimiento de la Misión de San Rafael Arcángel
1823	Establecimiento de la Misión de San Francisco Solano
1833	México impone la Ley de Secularización
1848	Se encuentra oro en el norte de California
1850	California se convierte en el trigésimo primer estado

Glosario

adobe: ladrillo hecho de barro seco y paja.

ángelus: una devoción católica realizada en la mañana, el mediodía y la noche. El repique de la campana llama a los fieles a rezar una oración llamada Ángelus.

bautismo: darle la bienvenida a una persona al cristianismo con una ceremonia que implica cubrir o rociar con agua a la persona.

catolicismo: la religión de la Iglesia católica.

chamán: líder religioso y sanador nativo americano.

cólera: una enfermedad infecciosa que causa problemas en los intestinos.

disentería: enfermedad en el intestino grueso.

franciscano: miembro de un grupo católico romano fundado por san Francisco de Asís, en Italia, en 1209.

moros: grupo de personas árabes del norte de África que gobernaron partes de España, desde el siglo VIII hasta 1492.

secularizar: quitarle el control a la Iglesia y sus sacerdotes, y dárselo al gobierno y a sus ciudadanos.

virrey: gobernante que actúa como representante del rey.

Guía de pronunciación

alcaldes (ol-KOL-des)

campanario (kam-pah-NAH-ree-oh)

convento (kom-BEN-toh)

el Camino Real (EL kah-MEE-noh RAY-al)

mayordomo (mah-yor-DOH-moh)

temblores (tem-BLOR-ays)

wots (WOTS)

Para mayor información

Para saber más acerca de las misiones de California, echa un vistazo a estos libros, sitios web y vídeos:

LIBROS

Bibby, Brian. *The Fine Art of California Indian Basketry.* Berkeley, CA: Heydey, 2013.

Duffield, Katy S. *California History for Kids.* Chicago, IL: Chicago Review Press, 2012.

Gendell, Megan. *The Spanish Missions of California.* New York, NY: Scholastic, 2010.

Weber, Matt. *California's Missions A to Z.* San Francisco, CA: 121 Publications, 2010.

SITIOS DE INTERNET

Juego de mesa de las misiones de California
edweb.sdsu.edu/courses/edtec670/Cardboard/Board/C/Calmission/index.html

Al jugar este juego se reforzarán los conceptos y las ideas aprendidas sobre las veintiuna misiones. Diseñado para el salón de clase, el objetivo de este juego es ser el primer fraile en viajar desde la misión más meridional (Misión de San Diego de Alcalá) hasta la misión más al norte (Misión de San Francisco Solano.) Los frailes deben hacer frente a diversos contratiempos y obstáculos, mientras eligen los diferentes caminos que se presentan en el tablero.

Centro de recursos de las misiones de California

www.missionscalifornia.com/missions

Conoce más sobre los líderes de las misiones, mira las fotografías y dibujos arquitectónicos de la misión. Entra a la página "pregúntale a los expertos", para ver las respuestas a las preguntas más frecuentes acerca de las misiones. Puedes entrar en el sitio web y enviar tu propia pregunta.

Encargados de formas indígenas

www.keepersofindigenousways.org

Explora los pueblos de los pueblos *tongva*. Aprende más sobre su cultura, idioma, arte y sitios sagrados.

VÍDEO

Misiones de California en DVD

www.calgold.com/missions

(855) 994-8355

Sigue a Huell Howser y al camarógrafo Luis Fuerte, mientras se aventuran a explorar las veintiuna misiones presentes a lo largo de toda California. La miniserie cuenta con tres misiones en cada episodio de media hora. Este vídeo ayuda a comprender de qué se tratan las misiones y por qué siguen cautivando a tantas personas después de todos estos años. También están disponibles las misiones individuales en DVD.

Índice

Los números de página en **negrilla** son ilustraciones.

adobe, 22, 28, 44
ángelus, 22-23, 26, 44

bautismo, 18, 20

catolicismo, 11-12, 26, 44
chamán, 7, 27, 44

enfermedades, 29-30
    cólera, 29, 30, 44
    disentería, 30
    viruela
exploradores
    Cabrillo, Juan Rodríguez, 5-6
    Portolá, Gaspar de, 6, 14

frailes
    Cambón, fray Pedro Benito, 14-15, 18-20
    Crespí, fray Juan, 14
    Cruzado, fray Antonio, 18-22
    Estenga, fray Tomás, 32-33
    Font, fray Pedro, 12
    Ibarra, fray González de, 32
    Paterna, fray Antonio, 18-20, 22
    Serra, fray Junípero, 6, 11, 14
    Somera, fray Ángel Fernández de, 14-15, 18-20
    Taboada, fray Gil y, 30
    Zalvidea, fray José María de, 30
franciscanos, 11-12, 44

moros, 21, 44

secularizar, 31, 44

terremoto, 14, 21-22, 29, 35
Toypurina, 27

virrey, 6, 14, 44